Manfred Vollmer

# RUHRGEBIET.

Wolfgang Berke

# IN ECHT!

## No kidding!

KLARTEXT

▸ „Geleucht", Halde Rheinpreußen, Moers, 25.11.2008

**Fotos:** Manfred Vollmer
**Idee & Konzept:** Wolfgang Berke
**Umsetzung & Produktion:** Vollmer & Berke
**Englischer Text:** Roy Kift
**Lektorat:** Seminar "Verlagsarbeit" im Studiengang "Literatur und Medienpraxis" der Universität Duisburg-Essen (Wintersemester 2008/09)

1. Auflage 2009

Druck: Himmer AG, Augsburg
ISBN: 978-3-89861-991-2



Die Autoren danken allen, die mit ihrer tatkräftigen Hilfe und ihren Anregungen dieses Buch besser gemacht haben. In echt!

# Inhalt

**Mehr Ruhrgebiet in echt:**

www.ruhrgebiet-in-echt.de

www.iruhr.de

www.manfred-vollmer.de

www.klartext-verlag.de

## Das Ruhrgebiet ist so gut wie seine Vorurteile.

### The Ruhrgebiet fully lives up to its prejudices. No kidding!

Ruhrgebiet - Revier - Kohlenpott. Das kennt jeder in Deutschland. Aber: Niemand will hin. Das Ruhrgebiet muss sich um sein Image überhaupt keine Gedanken machen. Heimat der Malocher, Quelle von Kohle, Koks und Schwermetall. Laut, dreckig, verschwitzt. Keine Kultur außer Fußball und Taubenzucht. Kein Grün, eine graue Stadtlandschaft, bevölkert von einfachen Menschen ohne große Ansprüche. Direkt – aber ehrlich.

Das Ruhrgebiet selbst fühlt sich schmuddelig und klein. Feiert nicht wie Berlin, kauft nicht so teure Fußballspieler wie die Bayern und hat nicht so einen weiten Horizont wie Hamburg. Wenn die Großen reden, hält das Ruhrgebiet meist die Klappe. Hier ist es eben nicht so fröhlich wie in Köln oder so teuer wie in Düsseldorf. Frankfurt hat klar die höheren Häuser und Hannover das bessere Deutsch.

Das Ruhrgebiet ist die größte Stadt Deutschlands und eine Baustelle. Immer ist irgend etwas unfertig, wird gerade umgebaut, abgerissen, neu gebaut, erweitert oder verkleinert. „Wir sind gerade mitten im Umbruch", heißt es dann immer ganz atemlos. Sie wissen schon: Umbau. Renovierung. Neuausrichtung. Strukturwandel. Und das ist auch gut so. Denn ohne Wandel wären die 53 Städte des Ruhrgebiets erledigt. Platt und mausetot.

Das galt übrigens schon vor 50, 100 oder 150 Jahren. Während der bayrische Bauer über Jahrhunderte seelenruhig seinen Pflug schob, verwandelte sich hier eine Landschaft aus Dörfern und Bauernhöfen in das kraftvoll schlagende industrielle Herz Europas. Und das Ruhrgebiet wird Baustelle bleiben. Einen Status Quo gibt es nicht. Ein Buch wie dieses ist eine Momentaufnahme. Und auch das ist gut so.

Everyone in Germany knows the Ruhrgebiet; although nobody wants to live there. The Ruhrgebiet doesn't have to worry about its image – a grimy working class area full of hard-working folk, with nothing more to offer than coal, coke, iron and steel. And no culture worth bothering about apart from football and pigeon breeding. No parks and trees, just grey city streets and simple people without any particular demands on life. Straight-talking – but honest.

The inhabitants of the Ruhrgebiet also regard themselves as grey and inferior. They don't celebrate like they do in Berlin. They don't buy such expensive footballers as they do in Munich. And they certainly don't have such an open outlook on the world as the people of Hamburg. When the "big ones" start spouting their opinions, the people of the Ruhrgebiet mostly keep their mouths shut. Their attitudes are not as cheery as those in Cologne and their tastes not as expensive as those in Düsseldorf. Frankfurt has got taller skyscrapers and in Hannover they speak proper German.

The Ruhrgebiet is the largest urban area in Germany, but somehow it still resembles a building site. Nothing is complete, everything is in the process of being redesigned, torn down, rebuilt, extended or scaled down. „We're right in the middle of a major upheaval", they'll tell you breathlessly. You surely know: Rebuilding, renovating, refurnishing. Structural change. And that's good. If there had been no changes at all in the 53 towns and cities in the Ruhrgebiet they would long ago have been finished for good. Dead and done with.

It was just the same 50, 100 or even 150 years ago. Whilst Bavarian farmers were quietly ploughing their fields in the same way they had done for centuries, the people here were busy transforming a rural landscape of villages and farmhouses into the industrial powerhouse of Europe. And the Ruhrgebiet will remain a building site. There is no status quo. A book like this is a momentary snapshot. And that's good, too.

# Das Ruhrgebiet lässt sich kurz und klein auf den Punkt bringen:

**The Ruhrgebiet can be summed up succinctly in a couple of images:**

Halde Rheinpreußen, Moers

Ruhr Museum, Zollverein XII, Essen

Bierbrauerdenkmal, Dortmund

Kennedyplatz, Essen

Trinkhalle, Castrop-Rauxel

Museum Helfs Hof, Wattenscheid

Rungenberghalde, Gelsenkirchen

„Welttheater der Straße", Schwerte

Silbersee I, Haltern

Musiktheater im Revier, Gelsenk.

Altstadt, Essen-Werden

Theater, Duisburg

Phoenix-West, Dortmund

Rohrmeisterei, Schwerte

Zeche Holland, Wattenscheid

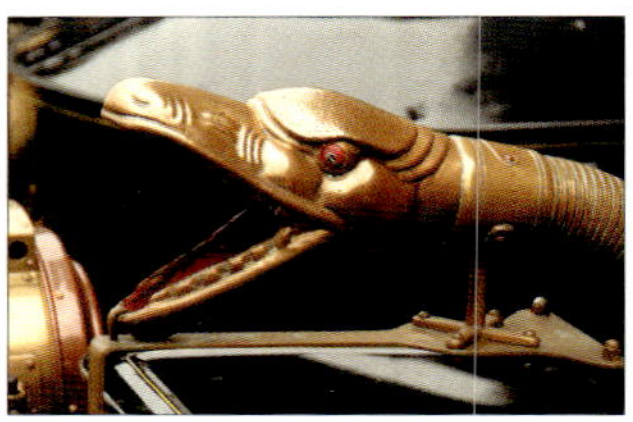
Dampffestival, Bochum

Ringlokschuppen, Mülheim

Ruhr-Marathon, Bottrop

Hohewardhalde, Herten

Ruhrfestspielhaus, Recklinghausen

Yehudi-Menuhin-Forum, Marl

Plastik „Steile Lagerung", Essen

Lifesaver-Brunnen, Duisburg

WDI, Hamm

Baldeneysee, Essen

Westf. Freilichtmuseum, Hagen

Landschaftspark, Duisburg

Billardverein, Castrop-Rauxel

Haus Weimar, Bochum

Museum Zeche Nachtigall, Witten

ThyssenKrupp Stahl, Duisburg

Konzert, Gelsenkirchen

Manufactum, Zeche Waltrop

Gastro Henrichshütte, Hattingen

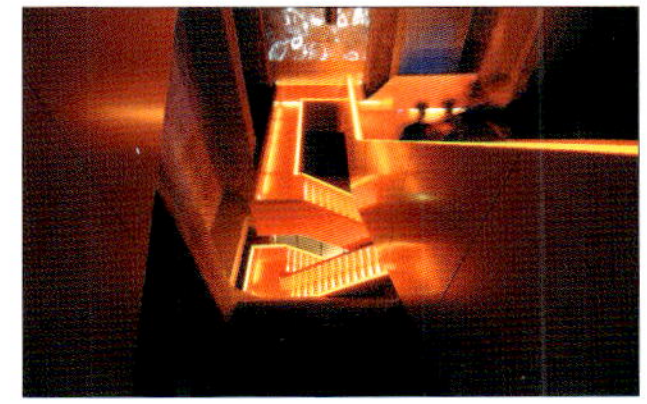
Zeche Zollverein XII, Essen

Ruhrchemie, Gelsenkirchen

Jahrhunderthalle, Bochum

Zollverein School, Essen

Bergmannsorchester, Gelsenkirchen

Bürgerzentrum, Castrop-Rauxel

Ruhr, Fröndenberg

Kokerei Hansa, Dortmund

Innenhafen, Duisburg

ThyssenKrupp Stahl, Duisburg

Phoenix West, Dortmund

Margarethenhöhe, Essen

Stadthistorisches Museum, Duisburg

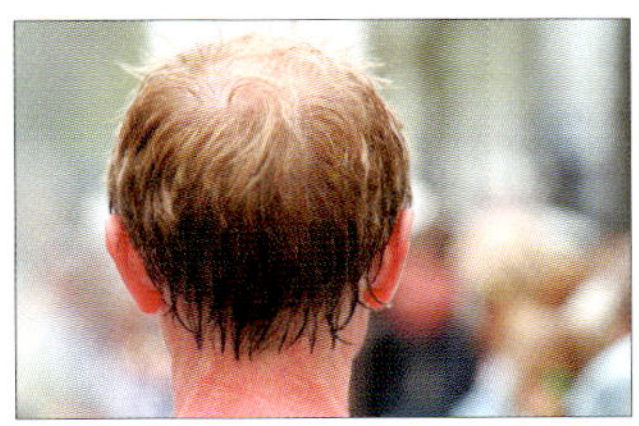
Ruhr-Marathon, Gelsenkirchen

Zeche Nordstern, Gelsenkirchen

Museum Zeche Hannover, Bochum

**War Ihnen das zu schnell? Wir können auch anders.**

**Was that too quick? Let's try it another way.**

**Im Detail und in echt!**

**In more detail. No kidding!**

# Die Sprache im Ruhrgebiet ist knapp und klar.

Ruhrgebiet communications are short and to the point.

Kokerei Zollverein, Essen, 12.10.2001

Eingang Mondpalast, Wanne-Eickel, 19.07.2007

Sudamin MHD, Duisburg, 02.06.2003

Industriemuseum Henrichshütte, Hattingen, 16.05.2008

▾ ASV Blitzkuhle, Rhein-Herne-Kanal, 01.07.2007

▾ Restaurant „Mitten im Pott", Bottrop, 28.11.2008

▸▸ Kokerei Hansa, Dortmund, 13.09.2007

1,79 m.
VORSICT
AUA!

▲ Zeche Consolidation, Gelsenkirchen-Bismarck, 01.09.2004

◀ Bochumer Eisenhütte, 02.08.2005

◀◀ Sudamin MHD, Duisburg, 22.06.2003

▲ Zeche Consolidation, Bismarckstraße, Gelsenkirchen, 28.03.1977

▶ Kokerei Hansa (Kompressorenhalle), Dortmund, 13.09.2007

**Nun ja, nicht immer.**

**Sometimes exceptions are possible.**

▾ Möllerbunker, Industriemuseum Henrichshütte, Hattingen, 16.05.2008

▸ Installation vor dem Industriemuseum Zeche Hannover, Bochum, 07.05.2006

# Man freut sich hier über jedes bisschen Grün.

**People here delight at every little bit of green.**

Alt-Westerholt, Herten, 27.06.2007

Rischenhof, Elfringhauser Schweiz, Hattingen, 09.06.2003

◂ Landschaft an der Schulenburgstraße, Hattingen, 18.04.2003

▸ Zuflussregelung A 40, Essen, 07.11.2008

Aalto-Theater, Essen, 26.09.2008

## Hier dürfen große Architekten ran.

Major architects have been at work here.

AKADEM
MONT-CEN

◂◂ Akademie Mont Cenis, Herne, 09.06.2006

Haus der Wirtschaftsförderung, Duisburg, 11.10.2008

Zollverein School of Management and Design, Essen, 23.06.2008

Hundertwasser-Haus (Ronald McDonald Haus), Grugapark, Essen, 01.05.2007

Altes Rathaus, Hattingen, 15.12.2002

Uhrenturm der ehem. Zeche Shamrock 1/2
(heute: Sasol Solvents), Herne, 19.07.2007

Metallbau Pilgram, Obermeidericher Straße,
Oberhausen, 31.08.2008

## Und nicht ganz so große.

Minor ones, too.

Henrichenburger Straße, Castrop-Rauxel, 04.09.2008

Rhein-Ruhr-Malz, Ruhrhafen, Mülheim, 31.08.2008

THS-Kinderprojekt „Meine schöne Villa", Essen, 18.07.2008

# 1000 Feuer sind es zwar nicht mehr im Revier. Aber es lodert noch ganz ordentlich.

The furnaces might have blown cold now. But things can still blow pretty hot at times.

◂ ThyssenKrupp Stahl, Gießwalzanlage, Duisburg, ▸
26.11.2003

Lagerfeuer, „Ab in die Mitte", Castrop-Rauxel, 10.08.2005

ThyssenKrupp Stahl, Gießwalzanlage, Duisburg, 26.11.2003

„Extraschicht – Lange Nacht der Industriekultur", Nordsternpark, Gelsenkirchen, 22.06.2008

Menschenkette um das Nokia-Werk gegen die Schließungspläne, Bochum, 10.02.2008

◀ Kokerei Schwelgern, Duisburg, 25.01.2006

▶▶ Varieté im Amphitheater Nordsternpark, Gelsenkirchen, 08.09.2007

# Nichts geht über sorgsam gepflegte Klischees ...

## Nothing beats a well-kept cliché ...

▾ Taubenvatter, Siedlung Eisenheim, Oberhausen, 12.07.2003

▸ Krupp Stahl, Bochum, 17.06.1992

▸ Currywurst mit Pommes, Bottrop, 10.10.2008

Knappenchor, Bergwerk Consolidation, Gelsenkirchen, 08.09.2006

Deputat-Kohle, Sachsenstraße, Castrop-Rauxel, 09.12.2005

◂ Trinkhalle, Essen-Steele, 16.06.2008

▸ Kleines Museum, Schüngelberg-Siedlung, Gelsenk., 16.06.2008

# Doch, doch: Das Ruhrgebiet ist auch schiffbar.

Yes indeed! The Ruhrgebiet is navigable.

◂◂ Rhein-Herne-Kanal, Nordsternpark, Gelsenkirchen, 07.10.2007,

◥ Ruderer auf dem Baldeneysee, Essen, 14.08.2001

▸ Regattateilnehmer, Rhein-Herne-Kanal, Gelsenkirchen, 10.09.2005

Tretboot, Kemnader See, Witten-Heveney, 08.08.2003

Hausboot mit Tret-/Solarantrieb, Ruhr, Mülheim, 31.08.2008

Scholl'sche Fähre, Wasserbahnhof, Mülheim a.d. Ruhr, 31.08.2008

Weiße Flotte auf der Ruhr, 31.08.2008

Museumsschlepper „Oscar Huber", Duisburg-Ruhrort, 19.11.2007

Wasserbahnhof Mülheim, 31.08.2008

Containerhafen, Duisburg, 08.07.2005

THS

# ... befischbar ....

## ... fishable ...

◂◂ Drachenbootrennen THS WOWI Cup, Rhein-Herne-Kanal, Gelsenkirchen, 10.09.2005

▸ Ruhr mit Birschels Mühle, Hattingen, 30.06.2008

# ... und einfach wunderbar.

## ...and simply formidable.

Ruhr bei Fröndenberg, 19.10.2007

# Wir kommen auch ohne Auto gut voran.

We can also get along without a car.

◂◂ Nordsternpark, Gelsenkirchen-Horst, 14.10.2007

▸ Kutschfahrt, Witten-Durchholz, 02.09.2007

▸ A 40, Ausfahrt Dückerweg, Wattenscheid, 27.09.2008

◂ Trendsporthalle "Funbox Amalie", Essen, 02.03.2003

◂ Nordsternpark, Gelsenkirchen, 07.10.2007

Kinderregatta, Wolfssee, Duisburg, 05.09.2004

Fronleichnamsprozession, Hattingen-Niederwenigern, 19.06.2003

Elfringhauser Schweiz, Hattingen, 09.06.2003

Dampffestival, Industriemuseum Zeche Hannover, Bochum-Hordel, 13.05.2007

## Manchmal ist es hier ganz schön eng.

Sometimes things can get a bit tight here.

▼ Freibad Revierpark Vonderort, Bottrop, 09.08.2003

▸ Trinkhalle, Henrichenburger Straße, Castrop-Rauxel, 04.09.2008

▸ Kanupoloturnier, Baldeneysee, Essen, 12.05.2008

◂ Tremoniastraße, Dortmund, 07.06.2008

A 40, Essen, 10.06.1998

Duales System DAR, Herten, 20.01.1995

Im Westfalenpark, Dortmund, 27.09.2008

# Auf den Sockel heben wir nur wenige.

## We don't put many people on a pedestal.

Helmut Rahn, RWE-Stadion, Essen, 26.09.2008

⇑ Straßenmusiker Günni Semmler, Isenbergplatz, Essen, 26.09.2008

▲ Handwerksbrunnen, Ennepetal, 17.01.2003

„Feierabend", Krupp Stammhaus, Essen, 08.09.2002

Alfred Krupp, Villa Hügel, Essen, 23.11.2002

„Männer aus Eisen", Hattingen, 07.06.2003

„Die Reichsgründer" (Moltke, Wilhelm I, Bismarck), Essen-Werden, 02.07.2001

# Unsere Zechen (kleine Auswahl): Wer sagt, wir hätten keine Phantasie?

## Some names of our collieries. Who says we don't have any fantasy?

| | | |
|---|---|---|
| Abgunst & Dreckbank | Essen-Heisingen | um 1800 |
| Alte Haase | Sprockhövel | 1865-1969 |
| Alte Missgunst | BO-Querenburg | 1630-1760 |
| Alte Tür | Witten-Bommern | 1945-1950 |
| Alte Weib | DO-Brünnighausen | 1750-1841 |
| Amsel & Schnepfe | Essen-Rüttenscheid | 1833-1860 |
| Angst & Bange | Herdecke | 1834-1848 |
| Ankunft | Herbede | 1751-1850 |
| Aufgottgewagt | Witten-Bommern | 1750-1847 |
| Aufgottgewagt & Ungewiss | Hattingen | 1830-1923 |
| Begierde | Hattingen | 19. Jh. |
| Beschertes Glück | Bochum-Stiepel | 1779-1838 |
| Bessere Dich | Witten-Silschede | 1787-1840 |
| Billigkeit | Witten-Heven | 1750-1891 |
| Blondine | Wetter-Esborn | 1786-1846 |
| Bosselbänkchen | Essen-Stadtwald | 1795-1804 |
| Braut | Essen-Heidhausen | 1857-1900 |
| Bräutigam | Essen-Heidhausen | 1839-1900 |
| Brautkammer | Dortmund-Mitte | 1647-1815 |
| Brumbass | Essen-Heisingen | um 1848 |
| Caninchen | Sprockhövel | 1754-1855 |
| Ver. Capellenbank | Essen-Baldeney | 1806-1875 |
| Carthäuserloch | Herbede | 1727-1842 |
| Colibri | Essen-West | 1843-1898 |
| Corinthenkule | Mülheim | um 1796 |
| Dachsloch | Wetter-Silschede | um 1755 |
| Demut | Niedersprockhövel | 1839-1898 |
| Dicker Michel | Witten | 1838-1846 |
| Die bunte Kuh | Hörde | um 1734 |
| Die Einnahme von Paris | Sprockhövel | 1844-1880 |
| Die kleine Kuh | Sprockhövel | ca. 1842 |
| Die sieben Söhne | Hattingen-Winz | 1839-1853 |
| Dreckbank | div. Zechen | 16.-19. Jh. |
| Engelsburg | Wattenscheid | 1829-1961 |
| Eros | Hattingen | 1956-1961 |
| Faulefott | Essen-Überruhr | 1802-1873 |
| Fettlappen | Essen | 1730-1805 |
| Fledermaus | Essen-Heisingen | um 1830 |
| Flor & Flörchen | Essen-Heisingen | 1856-1881 |
| Flöte | Essen-Bredeney | 1777-1927 |
| Forelle | DO-Brünninghsn. | 1750-1850 |
| Freie Vogel & Unverhofft | DO-Schüren | 1845-1943 |
| Friedlicher Nachbar | Bochum-Linden | 1831-1961 |
| Frischgewagt | div. Zechen | 18.-19. Jh. |
| Fröhliche Morgensonne | Wattenscheid | 1839-1955 |
| Frosch, Fuchs, Luchs & Knappbank | Sprockhövel | 1715-1842 |
| Gabe Gottes | Essen-Kupferdreh | 1766-1861 |
| Geduld | Hattingen-Bredenscheid | 1826-1964 |
| Geschwind | Hattingen-Hammertal | 1787-1865 |
| Gewalt & Gottvertraut | Essen-Überruhr | 1902-1924 |
| Glücksstern | Witten-Bommern | 1831-1889 |
| Gottsegnedich | Herbede | 1822-1835 |
| Heller Mittag | Sprockhövel | 1948-1953 |
| Hermanns Gesegnete Schiffahrt | Hattingen-Welper | 1820-1875 |
| Himmelfahrt | DO-Berghofen | 1786-1837 |
| Hippe | Essen-Werden | 1778-1842 |
| Hühnerhecke | DO-Hacheney | 1798-1842 |
| Hummelbank | DO-Eichlinghofen | 1754-1882 |
| Irrgarten | Bochum-Stiepel | um 1840 |
| Jalousie | Hattingen | 1835-1897 |
| Jammerhörnchen | Essen-Werden | um 1840 |
| Kinderberg | Mülheim | 1730-1837 |
| Klefflappen | Essen-Fulerum | 1796-1847 |
| Kleine Windmühle | Sprockhövel | 1841-1932 |
| Kleinigkeit | Wetter-Silschede | um 1840 |
| Krabbenbank | Essen-Altendorf | 1734-1836 |
| Kuckuck | Essen-Überruhr | 1802-1915 |
| Kunstwerk | Essen-Bergerhausen | 1687-1865 |
| Kurzes Ende | Witten-Bommern | 1842-1862 |
| Lauseplatte | BO-Dahlhausen | 1739-1800 |
| Leibzucht | Bochum-Stiepel | 1782-1896 |
| Lustig | Wetter-Silschede | 1772-1895 |
| Missgunst | BO-Querenburg | 1754-1765 |
| Mitgehangen | DO-Aplerbeck | 1854 |
| Mittgottgewagt | Bochum-Stiepel | 1750-1875/1951-1965 |
| Molly | Sprockhövel | 1956-1965 |
| Nachgedacht | Herbede-Durchholz | 1842-1874 |
| Nachtigall | Hattingen-Niederbonsfeld | 1784-1873 |
| Nachtigall | Sprockhövel | 1739-1875 |
| Nachtigall | Witten-Bommern | 1645-1927 |
| Neue Missgunst | BO-Querenburg | 1754-1872 |
| Neugottsegnedich | Herbede | 1835-1951 |
| Niegedacht | Bochum-Stiepel | 1951-1953 |

| | | |
|---|---|---|
| Oberste Kuh | Sprockhövel | 1743-1842 |
| Petrus Segen | Hattingen | 1791-93/1942-1963 |
| Posaune | DO-Kruckel | 1741-1771 |
| Rabennest | Essen | 1765-1790 |
| Redlichkeit | Essen-Werden | 1792-1876 |
| Ringeltaube | Witten-Annen | 1819-1898/1954-1972 |
| Rosenblumendelle | Mülheim-Heißen | 1898-1966 |
| Rüstkammer | Bochum-Stiepel | 1851-1912 |
| Schiffsruder | Bochum-Stiepel | 1776-1838 |
| Schinkenbank | Essen-Werden | 1790-1883 |
| Schmierfuß | Essen-Überruhr | 1802-1832 |
| Schnabel | Essen-Rellinghsn. | !803-1896 |
| Schnabel ins Osten | Essen-Rellinghsn. | 1767-1910 |
| Schnepfenthal | Witten-Hohenstein | 1841-1892 |
| Schöne Aussicht | Witten-Gedern | 1846-1920 |
| Schöne Flöte | Holzwickede | 1693-1873 |
| Schottland | Bochum-Stiepel | 19. Jh. |
| Schutzengel | Mülheim | 1839-1860 |
| Schwan | Sprockhövel | 1832-1906 |
| Schwarze Adler | Holzwickede | 1711-1902 |
| Schwarze Junge | BO-Dahlhausen | 1750-1893 |
| Schwarze Pferd | DO-Kruckel | 1784-1829 |
| Schwarzer Adler | Essen-Kupferdreh | 1792-1862 |
| Schwarzer Ritter | BO-Querenburg | 19. Jh. |
| Schwarzes Mädchen | Wattenscheid | 1774 |
| Schwarzes Pferd u. Unbewusst | Dortmund-Kruckel | 1829-1846/1950-1953 |
| Sechs Brüder & sechs Schwestern | Bochum-Hordel | 1847-1870 |
| Siebenplaneten | BO-Langendreer | 1857-1944 |
| Sieben Söhne | Hattingen-Winz | 1956-1958 |
| Sonnenschein | BO-Querenburg | 1750-1841/1946-1948 |
| Sonnenschein und Kunstwerk | Essen-Bergerhsn. | 1813-1820 |
| Sonntag | Bochum-Sundern | 1948-1954 |
| Soziale Hilfe | Bochum-Stiepel | 1947-1954 |
| Speckbart | Witten-Bommern | 1759-1862 |
| Sperber | Hattingen | 1737-1842 |
| Sperling | Hattingen | 1737-1842 |
| Stänkersgatt | Essen-Überruhr | 1802-1837 |
| Stieglitz | Essen-West | 1839-1850 |
| Stöckerdreckbank | Sprockhövel | 1830-1924 |
| Taugenicht | Herbede-Vormholz | 1842-1945 |
| Teufelsburg | Hattingen | 1951-1954 |
| Trappe & Adler | Wetter-Silschede | 1739-1926 |
| Treue | Bochum-Stiepel | 1700-1811 |
| Vereinigte Treue & Amsterdam | Bochum-Stiepel | 1811-1873 |
| Treue Freundschaft | Essen-Burgaltendorf | 1856-1892 |
| Trompete | Essen-Kupferdreh | 1803-1906 |
| Trotz | Essen-Bredeney | 1755-1850 |

| | | |
|---|---|---|
| Tulipan | Herbede-Vormholz | 1752-1925 |
| Turteltaube | Witten-Bommern | 1731-1853 |
| Tutenbank | Essen-Holsterhsn. | 1739-1841 |
| Übelgönne | Wetter | 1779-1849 |
| Überbleibsel | Hattingen | 1797-1846 |
| Übereinkunft | Essen-Überruhr | 1834-1925 |
| Unbewusst | Dortmund-Kruckel | 1793-1818 |
| Unser Fritz | Wanne-Eickel | 1872-1936 |
| Unterste Kuh | Hattingen | 1754-1884 |
| Unvermuthetglück | BO-Querenburg | 1767-1782 |
| Unverzagt | Dortmund-Kruckel | 1800-1849 |
| Vereinigte Verborgenglück | Sprockhövel-Hiddinghausen | 1842-1897 |
| Vereinigung unter der Stollensohle | Essen-Byfang | 1803-1856 |
| Vergissmeinnicht | Hattingen | 1848-1857 |
| Verlorene Posten | Witten | 1777-1858 |
| Verlorner Sohn | Bochum-Linden | 1779-1934 |
| Vermählung | Essen-Werden | 1847 |
| Vollmond | BO-Langendreer | 1750-1926 |
| Vorwärts | Dortmund-Mitte | 1896-1903 |
| Wachauf | Wetter-Wengern | 19. Jh. |
| Waldhorn | Dortmund | 1754-1846 |
| Wallach | Rheinberg | 1907-1926 |
| Wallfisch | Wetter-Wengern | 1785-1893 |
| Ver. Wallfisch | Witten-Stockum | 1832-1898 |
| Wasserfall | Bo-Dahlhausen | 1739-1869 |
| Wasserjungfer | Essen-Steele | 1798-1858 |
| Ver. Wasserschneppe | Essen-Heisingen | 1801-1880 |
| Waterloo | Hattingen | 1857-1909 |
| Wiedergeburt | Essen-Rüttenscheid | 1839-1901 |
| Wilde Mann | BO-Langendreer | 1737-1831 |
| Wippsterz | BO-Dahlhausen | 1720-1869 |
| Witwe | Dortmund-Barop | 1750-1859 |
| Wohlgemuth | Essen-Kupferdreh | 1792-1856 |
| Wohlverwahrt | Essen-Steele | 1791-1962 |
| Wolfsbank | E-Bergeborbeck | 1758-1960 |
| Wunderbar | Witten-Annen | 1782-1935 |
| Zollverein | Essen-Katernberg | 1854-1983 |
| Zufall | Essen-Frohnhausen | 1839-1850 |
| Zufällig-Glück | Hattingen | 1838-1906 |
| Zufälligkeit | Hattingen | Mitte 19. Jh. |
| Zum Wilden Mann | Fröndenberg-Ardey | 1856/57 |
| (Zur) Hoffnung | Essen-Holsterhsn. | 1623-1805 |
| Zuversicht | Sprockhövel | 1900-1908 |
| Zweckel | Gladbeck | 1896-1951 |
| Zwerg | Essen-Burgaltendorf | 1842 |
| Zwerglein | Essen-Heidhausen | 1843 |
| Zwergmutter | Essen-Heisingen | 1720-1858 |

# Gelegentlich kommt Besuch von ganz weit Außerhalb.

Sometimes we get visitors from quite a distance.

◂◂ Technologiezentrum Lüntec, Lünen, 01.06.2000

▸ Haldenereignis Emscherblick, Bottrop, 30.06.2007

▲ „Veltins-Arena", Gelsenkirchen, 24.05.2007

◀ Lichtzeichen, Rungenberghalde, Gelsenkirchen, 28.08.1999

▸ Planetarium, Bochum, 28.09.2008

▸▸ Sternwarte Bochum, 22.06.2006

Hohewardhalde, Herten, 08.11.2008

Johannes Paul II, Zeche Prosper-Haniel, Bottrop, 02.05.1987

Freizeitbac Heveney, Witten, 08.08.2003

Siedlung Stemmersberg, Oberhausen, 20.05.1998

**Samstags ist Wasch- und Badetag.**

Saturday is wash and bath day.

Rhein-Herne-Kanal, Gelsenkirchen, 22.08.2004

▸▸ Kokerei Zollverein, „Werksschwimmbad", Essen, 07.08.2004

◂ Waschtag, 17.06.2008

◂ Tenderingsee, Voerde, 12.08.2004

Kokerei Zollverein, „Werksschwimmbad", Essen, 06.08.2004

Revierpark Vonderort, Bottrop, 09.08.2003

▸▸ Revierpark Vonderort, Bottrop, 09.08.2003

◂ Revierpark Nienhausen, Gelsenkirchen, 25.02.2003

◂ Margarethenhöhe (historische Musterwohnung), Essen, 20.08.2005

# An prachtvollen Bauten mangelt es nicht im Ruhrgebiet.

There are plenty of splendid buildings in the Ruhrgebiet.

◥ Altes Rathaus, Wattenscheid, 08.07.2002

▸ Schloss Oberhausen, 13.02.2003

◂◂ Abteikirche St.Luidger, Essen-Werden, 22.02.2006

◂ Schloss Horst, Gelsenkirchen, 14.10.2007

◂ Villa Hügel, Essen, 23.11.2002
und 01.06.2005 ▸

◂ Merkez-Moschee,
Duisburg,
26.10.2008

▸ Philharmonie, Essen,
10.06.2004

▸ Lichtburg, Essen
22.10.2008

Stadttheater, Duisburg, 26.02.1998

# Aber mindestens jeder zehnte Prachtbau ist eine Zeche ...

But at least one in ten of them is a colliery ...

Zeche Zollverein XII, Essen, 14.10.2008

# ... oder eine Fußballarena.

## ... or a football stadium.

▾ „Signal Iduna Park", Dortmund, 27.09.2008

▸ „Veltins-Arena", Gelsenkirchen, 25.01.2005

LTU
ODDSET
Postbank

# Unsere Aufstiegschancen stehen nicht schlecht.

Our chances of going up in the world don't look bad.

Tetraeder, Halde an der Beckstraße, Bottrop, 03.10.1995

Himmelstreppe, Halde Rheinelbe, Gelsenkirchen, 05.09.1999

Rungenberghalde, Gelsenkirchen, 28.06.2003

Landschaftspark, Duisburg-Nord, 10.01.1991

Nordstern-Park, Gelsenkirchen, 12.07.2003

▸▸ Kokerei Zollverein, Essen, 31.08.2002

Der Zweck der Arbeit soll das
Gemein wohl sein
beyer
Dann bringt Arbeit Segen, dann ist Arbeit Gebet
Alfred Krupp

# „Maloche" war für uns noch nie ein Fremdwort.

We're no strangers to work.

◂◂ Fassade Hausackerstraße, Essen, 18.04.2008

▸ Fassade Alte Kolonie, Lünen, 22.05.2007

▾ Jahrhundertbrunnen Bernestraße, Essen, 27.09.2008

◂ Kupferguss, REA,
Duisburg, 27.11.2003

Fahrzeugwerke Lueg, Wattenscheid, 03.04.2007

Inconso, Essen, 03.12.2008

Bochumer Eisenhütte, Bochum, 02.08.2005

▸▸ European Gas Turbines, Essen, 04.03.1998

◂ Bergmann, Schachtanlage Blumenthal 2/6, Recklinghausen, 04.02.1997

ThyssenKrupp Stahl, Duisburg-Hamborn, 05.10.1995

Opel Werk, Bochum, 18.07.2005

**Die Menschen im Ruhrgebiet singen und musizieren an den unmöglichsten Orten.**

People here make music in the most impossible of places.

◂ Triennale, Jahrhunderthalle, Bochum, 27.04.2003

▾ Kompressorenhalle, Kokerei Hansa, Dortmund, 13.09.2007

◂ „Mnozil Brass“, Jahrhunderthalle, Bochum, 24.08.2005

▸▸ Zeche Nordstern, THS-Verwaltung, Gelsenkirchen, 25.06.2004

◂ Dt. Bergbau-Museum, Bochum, 02.06.2007

◣ Landschaftspark, Duisburg-Nord, 04.09.1992

▾ Hochofen 5, Landschaftspark Duisburg-Nord, 15.11.2008

▸ Unterführung Untere Münsterstraße, Castrop-Rauxel, 05.09.2008

▸ Kokerei Hansa, Dortmund, 13.09.2007

# Im Urlaub wollen alle nix wie weg hier.

When it comes to holidays we all want out – just around the corner!

◂ Baldeneysee, Essen, 14.08.2001

▸ Seebad Haltern, 13.08.2003

▸ Wolfssee, Duisburg, 05.09.2004

◂ Glörtalsperre, Breckerfeld, 08.08.2004

◂ Silbersee I, Haltern, 10.08.2004

◂ Niederrhein-Therme, Revierpark Mattlerbusch, Duisburg, 10.08.2003

**Den eher ungeordneten Strukturen ihrer Städte setzen die Einheimischen einen ausgeprägten Hang zu Harmonie und Symmetrie entgegen.**

Our towns might look as if they've been thrown together, but all the same we've a very strong sense of harmony and symmetry.

▼ Zeche Auguste Victoria 1/2, Marl, 13.09.2006

▸ Margarethenhöhe, Essen, 12.09.2004

▸ Bahnhof Kettwig, Essen, 25.04.2004

▸ Rohrmeisterei, Schwerte, 25.07.2003

▸ Künstlerzeche
Unser Fritz,
Wanne-Eickel,
01.07.2007

◂ Zeche Zollern 2/4, Dortmund, 28.09.2008

◂ Kanalfest, Datteln, 17.08.2008

◀◀ Horstmarer See, Lünen, 06.09.2004

▸ Schloss Horst, Gelsenkirchen, 10.10.2007

▸ Ruhr, Bochum-Dahlhausen, 10.09.2004

Diergardtschule, Essen, 16.09.2003

Zeche Carl, Essen, 12.09.2004

Sachsenstraße, Castrop-Rauxel, 13.05.2004

Bauhaus-Karrée, Duisburg, 14.08.2006

ADRŠPACH
PASSO MENDOLA
MENDELPASS
SCHÜTZT DEN IGEL
GOLAND

GLUCKAUF

DHHUN
264 - 272
60253 - 62254

◂ Herner Straße, Herten, 27.06.2007

▸ Zeche Consolidation, Gelsenkirchen, 23.04.2006

**Wir können einfach nichts wegwerfen.**

We simply can't bring ourselves to throw anything away.

◂◂ Seilscheibe, Maximilianpark, Hamm, 03.10.2008

◂◂ Kohlenwagen, Industriemuseum Zeche Hannover, Bochum-Hordel, 06.05.2007

◂ ThyssenKrupp Konzernarchiv, Duisburg, 10.11.2005

▸▸ Wasserturm Lanstroper Ei, Dortmund, 28.09.2008

◂ Münsterschatz, Essen, 19.10.2008

◂ Das kleine Museum, Schüngelbergsiedlung, Gelsenkirchen, 18.10.2008